AF336341

DISCOURS

Prononcés aux Obsèques

DE

Louis-Marcel BOURNIQUE

PROFESSEUR

DE MATHÉMATIQUES ÉLÉMENTAIRES

AU LYCÉE DE NANCY

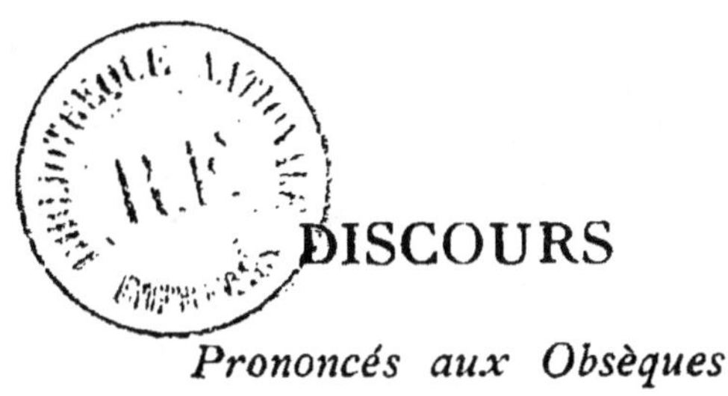

DISCOURS

Prononcés aux Obsèques

DE

Louis-Marcel BOURNIQUE

PROFESSEUR

DE MATHÉMATIQUES ÉLÉMENTAIRES

AU LYCÉE DE NANCY

Louis-Marcel BOURNIQUE

PROFESSEUR

DE MATHÉMATIQUES ÉLÉMENTAIRES

AU LYCÉE DE NANCY

Le jeudi 23 juillet, à neuf heures du matin, ont eu lieu les obsèques de M. Bournique, professeur de mathématiques élémentaires au lycée de Nancy, décédé à l'âge de vingt-six ans, d'une pneumonie.

A neuf heures du matin, un service funèbre a été célébré à la chapelle de l'hôpital civil où M. Bournique avait été soigné.

A dix heures un quart, le convoi arrivait à la gare, le corps devant être transporté à L'Allemand - Rombach (près Sainte-Marie-aux-Mines), d'où M. Bournique était originaire.

Les cordons du poêle étaient tenus par MM. Méalin, proviseur, Duvernoy, Adam, professeurs au lycée, et Pfister, maître de conférences à la Faculté des lettres.

Tous les professeurs du lycée, un grand nombre de professeurs de faculté, une délégation des élèves du lycée à laquelle s'étaient joints spontanément presque tous les élèves du grand lycée, assistaient aux obsèques, témoignant des regrets profonds que causait à tous la perte cruelle du jeune professeur, un des membres les plus distingués de l'enseignement secondaire.

Le deuil était conduit par les trois frères et les sœurs du défunt.

Devant le fourgon, qui allait emmener en Alsace le corps de M. Bournique, des discours ont été prononcés par MM. Méalin, Mangin, élève de la classe de M. Bournique, et Adam, professeur de philosophie au lycée.

Ce dernier surtout a produit sur l'assistance une profonde impression, qui s'est traduite par des larmes nombreuses et sincères.

———

DISCOURS DE M. LE PROVISEUR

C'est pour moi un pénible devoir de donner, au nom du lycée, le dernier adieu à l'un de nos plus jeunes collègues, à l'un des plus estimés et des plus aimés.

M. Louis-Marcel Bournique allait avoir vingt-sept ans à la prochaine rentrée. Il s'était préparé une vie honorable et heureuse par des études solides, toujours couronnées de succès. Elève de l'école normale à dix-neuf ans, agrégé à vingt-trois, il était à vingt-quatre ans professeur dans un lycée de première classe et il ne devait pas en rester là. Il n'avait plus qu'à laisser faire le temps pour récolter toutes les joies de la vie : mais le temps ne lui est plus donné.

Ce qu'il a été dans ses années de jeunesse et d'école, je le laisse à dire à ceux qui ont été ses compagnons et qui tous étaient ses amis. La première fois que je l'ai vu, il y a un peu plus de deux ans, il venait secourir et soutenir dans une affliction semblable à celle d'aujourd'hui un de ses frères qui vient maintenant l'accompagner à son dernier voyage. Il était impossible de ne pas remarquer cette physionomie sérieuse où la jeunesse s'alliait avec une maturité précoce.

Ce double caractère faisait le charme particulier de son commerce dans la société et de son enseignement dans sa classe. La gravité, la sûreté de sa parole, l'autorité de l'homme était tempérée par ce qu'il y avait de jeune dans le regard, de vif et de chaud dans le cœur. Ses élèves avaient pour lui un respect et une confiance qui s'imposaient à eux spontanément. Les moins bien préparés, ceux qui avaient le plus de difficultés à le suivre, ne doutaient pas de son intérêt, de sa bienveillance et avaient foi en lui, tout comme les premiers. Tous ceux qui l'ont eu pour professeur, tous ceux qu'il interrogeait seulement quelquefois dans l'année, avaient pour lui les mêmes sentiments et ont tenu à en donner aujourd'hui le témoignage. Bien qu'il n'achevât point par son enseignement la préparation aux grandes écoles, il aura beaucoup contribué au succès même des futurs candidats.

Le lycée, l'Université font en lui une grande perte, et nous tous nous éprouvons un cruel déchirement à cette séparation : nous ne pouvons nous faire à l'idée que nous ne pourrons plus serrer cette main loyale.

Puissent ces marques de notre douleur adoucir celle de ses sœurs et de ses frères, celle aussi de l'ancien proviseur du lycée de Nancy, qui, en nous laissant M. Marcel Bournique, gardait ici un intérêt bien cher. Nous pensions bien que nous ne conserverions pas longtemps M. Bournique, mais nous espérions que cette séparation se ferait autrement et sans larmes. C'est pour moi-même une peine profonde que d'avoir à lui adresser le dernier adieu.

DISCOURS DE M. MANGIN

Élève de mathématiques élémentaires.

Messieurs,

Je viens au nom de mes camarades remplir un bien triste devoir : adresser à l'heure du départ suprême un dernier adieu à notre cher et dévoué professeur.

Tel était l'intérêt que M. Bournique portait à nos études que, jusqu'au dernier jour, sa classe fut son plus grand souci. Dans les courts moments de repos que lui laissaient ses souffrances, il s'informait de ses élèves. Il y a deux jours encore, il apprenait avec joie les premiers succès obtenus. Cet intérêt, qu'il nous témoignait, nous le lui rendions en respectueuse affection. Aussi, malgré le peu de temps qu'il a passé au milieu de nous, conserverons-nous de lui un souvenir vivant et n'oublierons-nous jamais ce qu'il a été pour nous. Nous nous rappellerons toujours cette parole si ferme et si claire, la pénétration et la hauteur de cette vive intelligence qui nous rendait facile et agréable l'étude des mathématiques, et faisait considérer comme un honneur le privilège de faire partie de sa classe.

Peu éloigné encore de ses années d'étude, il avait pour la jeunesse un attrait tout particulier ; et l'affection toute fraternelle qu'il témoignait à ses élèves rend plus sensible encore la perte qu'ils ont faite et qui les frappe dans leurs plus chères affections.

Adieu donc, excellent maître, votre souvenir restera pour nous parmi les plus précieux que nous emporterons de notre cher lycée.

DISCOURS DE M. ADAM

Professeur de philosophie.

Encore un ami de moins parmi nous ! Un nouveau deuil s'ajoute à tous ceux qui avaient déjà frappé notre malheureuse promotion de 1877 à l'École normale. C'était Bilco, mort dans un canton retiré de la Grèce ; Thuillier, mort en Égypte, où il était parti affronter le choléra ; Charbonnier, Deshors, comme si la même fin prématurée attendait à la fois ceux qui allaient chercher la science au loin, et ceux qui restaient en France pour la répandre ! Et voilà que notre cher Bournique les a déjà rejoints, laissant dans la tristesse et l'accablement camarades anciens et nouveaux, tous ses collègues, et bien d'autres encore, sans oublier plus d'une famille à Nancy qui l'avait pour ainsi dire adopté.

Il succombe, comme les quatre qui l'ont précédé, au service de la même cause et victime du même dévouement. Depuis près de deux ans,

les fatigues de l'enseignement étaient au-dessus
de ses forces, et le repos lui eût été nécessaire.
Cette année surtout, on le suppliait d'arrêter un
moment. Il ne voulut pas. Il aimait sa classe et
ne pouvait s'en séparer. On le vit bien, durant
sa maladie, au plaisir si vif que lui fit une courte
visite de ses élèves. Montrant ensuite leurs pho-
tographies, qu'il avait près de lui : « Vous savez,
disait-il, les *enfants* sont venus. » Mot touchant
qu'il tenait de son père, autrefois instituteur al-
sacien, et qui sut transmettre à toute sa famille
le goût, disons même la passion de l'enseignement. Cette vertu héréditaire, notre ami la con-
serva jusqu'à la fin, et sa dernière joie, peut-être,
fut celle que lui causa, la veille de sa mort, la
nouvelle que, ce jour-là, tous ses élèves venaient
d'être reçus bacheliers. Ses yeux brillèrent un
moment et il sourit : le professeur pouvait s'en
aller en paix.

Mais lui qui était de si peu l'aîné de ses élèves, pourquoi les quitter avant le temps ? Pourquoi, lorsqu'une belle carrière s'ouvrait devant
lui, tomber dès les premiers pas ? Nous ne pouvons que répéter douloureusement ces paroles
de notre ancien directeur : « On ne s'habitue
pas à voir mourir les jeunes gens. »

Au moins, il a vécu, ne donnant que de la
joie aux siens par ses succès, n'inspirant à toutes
les personnes qui l'ont connu qu'affection et
sympathie pour son caractère simple et droit,
pour cette bonhomie plaisante et à l'occasion

quelque peu railleuse, pour cette complaisance qui allait au-devant de chacun, enfin pour cette grande douceur et bonté d'âme dont il fit preuve jusqu'à la dernière heure, assurant à ceux qui l'entouraient, qu'il ne souffrait point, et conservant en face de la mort le même visage calme qu'il avait toujours.

Aussi, pendant qu'il ira dormir en cette terre d'Alsace, que nous ne pouvons nous résoudre à considérer comme étrangère, puisque tant des nôtres y reposent, nous lui garderons toujours au fond du cœur une place en compagnie des morts qui nous sont chers, et, quoique rien ne puisse tempérer l'amertume de nos regrets, il sera de ceux qu'on aime à se rappeler, parce qu'aucun nuage n'obscurcit leur mémoire, et que le seul souvenir pénible qui reste d'eux est véritablement celui de leur mort.

NANCY. — IMP. PAUL SORDOILLET.